나뭇잎에 빠진 남자

시산맥 감성기획시선 088

## 나뭇잎에 빠진 남자
시산맥 감성기획시선 088

초판 1쇄 발행 | 2023년 1월 27일

지 은 이 | 오경탁
펴 낸 이 | 문정영
펴 낸 곳 | 시산맥사
편집주간 | 김필영
편집위원 | 신정민 최연수
등록번호 | 제300-2013-12호
등록일자 | 2009년 4월 15일
주　　소 | 03131 서울특별시 종로구 율곡로 6길 36,
　　　　　월드오피스텔 1102호
전　　화 | 02-764-8722, 010-8894-8722
전자우편 | poemmtss@naver.com
시산맥카페 | http://cafe.daum.net/poemmtss

ISBN 979-11-6243-341-6  03810

값 10,000원

* 이 책은 전부 또는 일부 내용을 재사용하려면 반드시 저작권자와 시산 맥사의 동의를 받아야 합니다.
* 이 도서의 국립중앙도서관 출판도서목록은 서지정보유통지원시스템 홈 페이지(http://seoji.nl.go.kr)와 국가자료종합목록 구축시스템(http://kolis-net.nl.go.kr)에서 이용하실 수 있습니다.
* 이 시집은 교보문고와 연계하여 전자책으로도 발간됩니다.
* 본문 페이지에서 한 연이 첫 번째 행에서 시작될 때에는 〈 표기를 합니다.

# 나뭇잎에 빠진 남자

오경탁 시집

■ 시인의 말




세파에 시달리며 가느라 시가 내 곁을 떠났다.

30년 후 시가 다시 찾아왔다.

한심한 나는 왜 지금도 시를 좋아하는 것일까?


2023년 1월, 오경탁

■ 차 례

## 1부
### 크리스마스 전날의 선물

어머니 - 19

북한강에서 1 - 20

북한강에서 2 - 22

북한강에서 3 - 25

다짐 - 29

그 노인 - 30

봄이 오고 있었어 - 32

새벽길을 걸으며 - 34

너에게로 가는 길 - 36

인연 - 38

개보다 못한 졸 - 40

그리움 - 42

텃밭에서 - 44

애모 - 46

하루의 뼈대 - 48

## 2부
### 고양이와 나뭇잎과 논다

묘옹과 황태포 − 51

어떤 기도 − 52

바람개비 − 54

거울에게 − 56

동네 아이 − 58

나나 − 60

나뭇잎에 빠진 남자 − 62

나, 명월이 − 64

명상에 자빠지다 − 66

안부 인사 − 68

낙엽의 부활 − 70

장맛비 − 72

스파이 침입 사건 − 74

도리론 − 76

아들에게 − 78

# 3부
## 어느 날 뒤돌아보니

꿈이라는 꽃 — 83

동거 — 84

세월 — 86

나이 — 88

책의 향기 — 90

무욕탕 — 92

어린 밤나무를 위한 기도 — 94

이름 — 96

그런 동물이 있다 — 97

서대와 박대 — 98

유월의 시 — 100

쓰레기통 속의 새봄 — 102

놀자 — 104

사라지는 것들에 대하여 — 106

후딱 — 108

# 4부
## 인간의 숲속에서

내팽개치는 것들 - 111

여자 - 112

엄마가 아파요 - 114

느그 부모님 뭐 하시냐 - 116

혈투 - 119

뻐꾸기 - 122

암탉이 운다 - 124

성안의 성 - 126

욕망이라는 이름의 인형 - 128

재심 - 131

아무리 봐도 지겹지 않은 것들 - 135

어느 여인의 신세타령 - 136

흘러가는 것들 - 138

헌 옷 - 140

거미의 영향, 그 영양적 고찰 - 142

■□ 시인의 에필로그 - 147

# 1부

크리스마스 전날의 선물

# 어머니

그 얼굴 뵙고 싶어
먼 하늘 바라본다

불러도 대답 없어
두 눈에 고인 눈물

조용히
또 읊조리는
아, 그리운 어머니

## 북한강에서 1

기분이 우울할 때는
북한강에서
흐르는 강물을 바라보라

누군가 보고 싶다면
북한강에서
그의 이름을 불러보라

멀리 떠나고 싶다면
북한강에서
비상하는 철새를 바라보라

초라해 보일 때에는
북한강에서
물안개 속을 거닐어 보라

간혹 삶에 지칠 때는
북한강가의 의자에 앉아

정태춘의 노래
북한강에서를 들어보라

내 안의 슬픔을 보내며
위로받을 수 있는
어머니 품 같은 따스한 곳이
바로 북한강이니

그대의 마음에
근심과 걱정 있거든
흐르는 북한강물에
그 시름 다 실어 보내고 오라

# 북한강에서 2

새벽길을 나선다

인기척에 깜짝 놀란 가로등이
바짝 긴장하며 날 쳐다보고
곳곳에서 꼬끼오 자명종이
큰소리로 아침을 부른다
이내 먼동이 트고
북한강이 잠에서 깨어나면
불침번 섰던 강변의 가로등이
졸린 눈을 비비며 하나둘
잠자리에 드는데 저 멀리
양수리도 깨어나 기지개를 켠다

날마다 찾아오는 강이지만
강의 모습은 볼 때마다 다르다
내 얼굴이 자주 변하듯이
강의 얼굴도 자주 변한다
괜스레 성내기도 하고

마냥 기쁘기도 하며
때로는 쌀쌀맞다가도
어느새 어머니 얼굴처럼
포근하고 온화한 북한강

양수리를 향해 흘러간
북한강의 물은 두물머리에서
남한강의 물과 손을 맞잡고
한강으로 흘러가 서해에서
긴 여행을 끝내고
피안의 세계로 갈 것이다

가을이 깊어가는
이른 아침에 나는 북한강에서
우두커니 서서 물끄러미
강물을 바라보며
뇌리에 부유하는 잡념을
흐르는 강물에 띄워 보낸다

〈
두툼한 세월을 업고
북한강을 지키는 강변의
연로한 미루나무 삼 형제가
여름에 뽐내며 입었던
무성한 옷을 하나둘 벗을 때
억새와 갈대와 구절초 형제들
가을 속으로 여행을 떠나는데
강물은 소리 없이 흐르고
나는 말없이 강변을 걷는다
빠른 세월이 또 한 번
아픈 계절을 껴안고 흘러간다

강물에 침잠하는 나
잡념을 씻으니 홀가분하다
상실의 아픔을 견디며
곁에서 서성거리던 내 슬픔도
강물 따라 저 멀리 흘러간다

# 북한강에서 3


북한강이 가까운 산골 마을에 거처를 옮긴 후
날마다 이른 아침에 일어나 강변을 걷는다
강물을 보면 온갖 시름이 강물 따라 흘러간다

흐르는 강물을 바라보며 지난 일을 반추한다

내시경을 통해 난생처음으로 들여다본 속에는
나쁜 친구가 찾아와 이미 터를 잡고 있었다

—암입니다
그의 냉정한 한마디 말은 내 좌표를 바꿔놓았고
내 마음은 고립무원의 외로운 외딴섬이 되었다
청천벽력 같은 말을 듣고 무심결에 찾은 극장엔
겨울왕국이 상영되고 있었으나
어떤 장면도 어떤 음향도 보거나 들을 수 없었다

한동안 *실의좌절분노절망갈등악몽*이 반복되었다

〈

　수술 전 몸을 깨끗이 하려고 목욕탕을 찾았다
　탕에서 나온 후 갑자기 정신을 잃고 쓰러져
　의식이 돌아와 만져본 뒤통수에서는
　붉은 피가 흘러내리고 있었다
　누군가 구급차를 불렀고
　나는 응급실에 실려 가 상처를 일곱 번 꿰맨 후 퇴
원했다

　크리스마스이브의 선물은 그야말로 악몽이었다
　몽롱한 꿈속을 걷는 사이 내 밥통은 몽땅 잘려 나갔다

　방귀가 나오자 미음과 죽을 먹었다
　이를 악물고 병원의 긴 복도를 걷고 또 걸었다
　살아야겠다는 생각만이 뇌리를 맴돌았다
　2019년이 그렇게 내 곁을 떠나갔다

　스님 아닌 스님들이 고통을 이기는 푸른 숲*에서

6개월 동안 몸을 추스르며 그들에게서 위로받았다
잣나무 사이로 불어오는 바람이 신선했다

아침에 일어나면
잘 할 수 있도록 도와달라고 5장 5부를 달랜다
그리고 걷는다
'천천히 조금씩 자주' 먹는 것이 일상이 되었다
내가 온전히 의지하는 것은 이와 다리다

강변에 서면 모든 번뇌가 사라진다
나는 강물과 말 없는 대화를 나누며
흐르는 강물에 내 슬픈 고독을 실어 보낸다

강변엔 얼마나 많은 사람이 왔다가
얼마나 많은 사람이 떠나갔을까?
세상의 희로애락을 모두 껴안고 흘러가는
젖줄 같은 생명의 원천인 저 북한강은
알고 있을 것이다

〈

오늘도 흘러가는 강물에 소원을 빈다
내게 끊임없이 걸을 힘을 달라고
삶이란 고통의 늪에서 희망을 꿈꾸는 것
그 희망이 끝나면 누구든지 멀리 떠나야 한다

찬 바람 부는 가을 강변엔 갈대가 흔들리고
강물엔 윤슬이 인다
흘러가는 강물을 하염없이 바라보던 나는

힘을 내서 다시 걷는다

살아있기에, 살기 위해서, 살아보려고


*경기도 가평군 상면 소재 푸른숲요양병원

# 다짐

나 내게 하는 약속
꼭꼭 씹어 먹자는 말

몇 번을 다짐해도
먹을 땐 까먹는다

명심해
지금의 너는
밥통이 없다는 걸

## 그 노인


북한강 변 산책할 때마다
마을 어귀에서 만나는 그 노인
부인과 함께 마늘밭에 비닐 덮던 그 노인
골목길 들어서면 늘 얼굴에 미소를 띠며
반겨주던 그 노인
갑술생 개띠인 울 아부지와 동갑인 그 노인
울 아부지는 아파서 날마다 한 주먹씩 약을 드시는데
지금껏 아픈 적도 없고
약을 드시지도 않고 잔병치레도 없었다는 그 노인
지금도 식사 때마다 반주를 즐기신다는 그 노인
얼굴이 진달래꽃처럼 붉은 그 노인
미소가 어린아이처럼 해맑은 그 노인
양수 장날 나무를 사다 텃밭에 심었다고 했더니
장 섰냐고 물으시며 다음에 장 구경 가서 친구 만나
막걸리 한잔하겠다며 기쁘게 웃던 그 노인
할멈과 아들과 며느리와 함께 살고 있어 행복하다
는 그 노인

아들 내외가 잘 모셔서 남들이 많이 부러워한다는
그 노인
산책할 때마다 만나는 그 노인
안 보이시네
오늘은 안 보이시네
북한강 변 마을 송촌리에 사는
울 아부지 같은 그 노인 안 보이시네
무슨 일 있으시나
무슨 일 있으실까
괜스레 궁금해지고
궁금해지네
그 노인 늘 서 있던 자리
뒤돌아보고 뒤돌아보며 가네


*그 노인께서는 2022년 6월 세상을 떠나셨다.

## 봄이 오고 있었어

울음소리가 들렸어
주변엔 아무도 없었어
강이 울었어
북한강이 크게 울었어

얼음을 지치던 애들
실핏줄이 터져 손등에 빨간 꽃이 피었던 시절이 있었어
컴퓨터 게임에 빠져 사는 요즘 애들은 그런 꽃을 모르지
그 빨간 꽃이 보고 싶지만 다시는 볼 수 없는 꽃이야
꽁꽁 언 손을 호호 불던 유년의 손등에 피었던 빨간 꽃!
언 강물을 보니 먼 옛날이 퍼뜩 앞을 스쳐 가고 있었어

마스크가 얼굴을 가려 사람들이 답답하듯이
겨우내 얼음이 앞을 가려 답답한 강이 울었어
날이 풀리자 강은 푸른 하늘이 매우 보고 싶어서
얼음장 밑을 흐르던 강물이 소리를 크게 내질렀어
강이 봄을 부르는 소리였어
강을 뒤덮은 얼음이 깨지자 틈새로

강물이 답답한 숨을 힘껏 토해내고 있었어
강물은 곧 하늘을 볼 거야
봄을 부르며 강이 울었어
얼음이 녹아 봄이 오듯
코로나도 떠났으면 좋겠어
강이 울고 그리운 봄을 부르며
강이 쩡쩡 울고 있었어
가만히 들어보니 그것은 기쁨의 울음소리였어
강변의 버드나무도 덜덜 떨면서 푸른 미소를 짓고 있었어
강이 웃고 있었어
그것은 환한 웃음소리였어
저 멀리서 봄이 오고 있었어

## 새벽길을 걸으며

그날 이후, 몸에 새긴 문신처럼
뇌리에 깊이 각인된 생체리듬이
알람처럼 정해진 시각에 나를 깨운 후
두 발에게 걷기를 명령하면
사라진 1부를 위한 남은 장기의
새벽녘 코러스가 시작된다

내가 걷는 고요한 새벽길은
어둠이 채 가시지 않은 시골길
하늘엔 밤새 일한 별들이 힘없이 반짝거리고
길엔 인기척에 놀란 가로등이 졸린 눈을 비비며
걷고 있는 검은 물체를 바라본다
어머니 치마선 같이 부드러운
산 능선은 아직 기침할 기미가 없고
이곳저곳에서 수탉들이 아침을 부르면
불침번을 서던 개들도 덩달아 컹컹거린다

어느덧 발길은 강변에 이르고
고요 속에서 진통을 갓 벗어난 강은

간밤에 잉태한 강물을 쉼 없이 흘려보낸다
날마다 봐도
또 보고 싶은 사람처럼 반가운 저 북한강
서리 내린 강변이 무척 차갑다
걷는 것은 살아있다는 증거니
나는 강변을 걸으며 시린 마음을 다잡는다

걷는 사이 새벽이 소리 없이 물러가고
주변에 아침이 서서히 스민다
바람에 일렁거리는 윤슬을 보며
강변의 갈대가 이른 아침 인사를 할 때
지난밤을 뜬눈으로 지새운
별과 가로등이 지친 하루를 접고
깊은 잠자리에 드는데

늦가을의 울긋불긋한 옷을 입은 산이
찬란한 아침 햇살을 받으며
힘차게 기지개를 켜면
내 두 발이 지휘하는
5장 5부 합창단의 힘찬 코러스가 끝난다

## 너에게로 가는 길

이른 아침에 잠에서 깨어나
너에게로 가는 길은 신선하다
동쪽 하늘의 샛별이 밝은 미소를 지을 때
지친 가로등은 졸린 눈으로 하품을 한다
걷고 또 걷기를 시계추처럼 하는 건
살아있다는 증거
걸으면 시간이 가고 시간이 가면 나는
너의 긴 품속에 잠긴다
차갑고 갈대가 흔들리는 강변
긴 세월을 흘러왔고 지금도 흘러가며
앞으로도 흘러갈 너는
양수리에서 남한강물과 뒤섞여
한강으로 흘러가 서해에서 긴 여정을 마친다
너는 친구와 만나 다정한 얘기라도 하지만
우리는 길이 막혀 서로 만날 수가 없구나
옛날에 어른들이 이렇게 말했지
너희들이 어른이 되면 통일이 될 것이라고
하지만 그것은 실현되지 않았지

예전에 어른들이 그랬던 것처럼 애들에게
또 똑같은 말을 해야 할지도 몰라
너만 보면 이렇게 마음이 편한데
금방 보았어도 또 보고 싶은 너인데
강물아!
우리 전생은 내가 너를 지독히 짝사랑했던

이룰 수 없는 사랑이었을까
네가 그렇듯이
이제 수많은 철새들도 남과 북의 철책을 넘어
겨울 속으로 멀리멀리 날아가겠구나

우리는 언제
저 새들처럼 서로 자유로울 수 있을까

## 인연

이른 아침 북한강 변 산책길은 삽상하다 예쁜 꽃 보고 맑은 새소리 들으니 발걸음도 경쾌하다 강물엔 윤슬이 살랑이며 몸을 풀고 하늘이 제 모습을 바라보며 몸단장이 한창이다 구름과 산도 얼굴을 씻느라 바쁘다 미루나무 반갑게 맞아 주는데 강변을 걷다가 네잎클로버를 찾는 재미가 쏠쏠하다

앞에서 날아가며 나무에 앉아 우는 까치 한 마리를 보았다 주변에 새끼가 있어 지나가는 사람을 경계한 줄 알았다 그게 아니었다 매일 아침 산책할 때마다 내 앞을 날아가며 나무에 앉아 나를 보며 깍깍거렸다 주변에 둥지도 새끼도 없었다 강변마을 어귀까지 앞서 날아가는데 그 거리가 무려 200여 미터다

우연인가 했더니 우연이 아니었고 필연인가 했더니 필연도 아니었다 그러나 인연인 것만은 틀림없다 몇 달이 지났지만 여태껏 까치는 내 앞에서 날아가며 아침 산책길을 안내한다 먹이를 내밀지만 아직 거리를 좁힐 수 없다

〈

 까치는 전생에서 나와 깊은 인연이었나 보다. 아니다 까치가 전생에서는 악연이었을 수도 있었겠다 하여 그 업을 풀려고 날마다 내게 접근하는 것이 아닐까 그것도 아니라면 까치는 하늘나라에서 찾아온 나의 어머니 일지도 모른다

 북한강 변 산책길에서 매일 만나는 까치, 까치는 벗이 되었다
 까치가 좀 더 가깝게 다가오면 좋겠다.
 그날이 오기를 기다릴 것이다

## 개보다 못한 졸



졸음 삼매경에 빠진 저 상팔자님
온종일 엎드려 명상 중이시다
열 살이 되니 몸이 무거우신가 보다

시중을 드는 이 몸도 몹시 고달프다
날마다 오줌과 똥 치우고
때때로 목욕도 시켜
젖은 몸을 꼼꼼히 말려준다
가끔 산책도 모시고 가는데
요즘은 앞서가지 않고 뒤에 따라오신다

병원에 자주 다니시며
뒷다리와 담석 수술받아
치료비를 많이 쓰셨고
매일 쌀보다 비싼 사료를 드셔
들어가는 비용이 만만찮다

분명 전생에 허드렛일을 많이 하셨을 거다

그래서 이 세상에 상팔자로 태어나신 거다

밖에서 돌아올 때 꼬리 몇 번 흔들어 주고
무릎에 앉아서 재롱부리는 맛에 푹 빠져
상전으로 모신 지 어언 십 년

누가 나를 그렇게 온몸으로 반겨주던가
날마다 온 가족이 떠받들며 호명하는
인기 일 순위인 우리 집 견공 누리

아내 딸 아들에 이어 5순위인 은퇴 백수
나는 개보다 못한 졸<sup>卒</sup> 아닌가?

## 그리움

그가 기다리는 것은 말이다
하늘을 바라보며
흘러가는 구름을 바라보며
산과 강물을 바라보며
온종일 기다려도 그를 찾는 말이 없다
떨림을 기다리며
휴대폰을 열어보지만
그를 부르는 울림은 없다
외로움도 익숙하면 친구가 되는 법
기다려도 오지 않는 말을 기다리던 귀가
눈과 입과 코를 골똘히 응시하며
외로움과 즐겁게 놀고 있다

기다림과 그리움과 외로움이
텅 빈 공간에 늘 함께 놀아
사위를 노니는 적막이 조요照曜하다

근자에 코와 입을 위해

연일 고생하는 귀를 달래주려고
위무의 노래를 불러주었다

고수인 당신은 안다
허전한 이런 개뿔 같은 하수의 마음을

어느새 손가락이 오지 않는
그리움을 애타게 부르고 있다

## 텃밭에서

   마당의 잔디 벗겨 만든 길고 작은 텃밭에 푸른빛 가득 찼다. 봄에도 서리는 시샘을 했다. 심었던 모종 시들어 또 사다 심었다. 텃밭은 다양한 인종들이 모여 사는 나라 같다. 좁은 곳에서 갖가지 채소들이 옹기종기 자란다.

   파 옆에 무, 무 옆에 참외, 참외 옆에 상추, 상추 옆에 쑥갓, 쑥갓 옆에 가지, 가지 옆에 부추, 부추 옆에 고추, 고추 옆에 토마토, 토마토 옆에 마늘, 마늘 옆에 호박, 호박 옆은 담장이다.

   담벼락의 붉고 거만한 그녀들이 힐끗 곁눈질이다.

   손바닥만 한 텃밭에 열한 가지 채소가 어깨를 맞대고 있다. 모두 다정한 이웃사촌이다. 가물어 매일 물을 주었다. 다행히 채소들이 시들지 않고 잘 자랐다. 페트병으로 만든 바람개비 한 쌍이 텃밭 가운데 자리를 잡았다. 신랑이 돌면 각시도 따라 돌며 텃밭을 지킨다. 부창부수의 파수꾼 부부다. 바람과 바람개비의 인연은 길다. 바람은 바람개비의 날개를 쓰다듬는다. 바람개비 부부는 바람의 의도를 안다. 바람개비의 일은 도는 것이며 빙글빙글 자기를 돌릴 때 가장 즐겁고 행복하다. 돌아가는 바람개비 무서워 새들의 접근이 어렵다. 벌과 나비는 무시로 드나들며 꽃과 밀어를 속삭이다 달콤한 사랑에 빠진다. 텃밭을 바라보는 마음속에 푸른 열매 주렁주렁 열린다. 수확한 상추가 맛있다. 작년 봄에 텃밭 귀퉁이에 심었던 체리 나무에 꽃이 많이 피어 기대가 컸으나 꽃만 무성할 뿐 열매는 없다. 꽃을 보고 미리 군침을 삼켜 미움을 샀나 보다. 바람이 불면 바람개비 부부의 지휘로 채소들이 일제히 합창한다. 멋있는 그들의 코러스에 빠져 시간 가는 줄 모른다. 텃밭엔 채소가 자라고 기쁨도 자란다. 고추 가지 토마토 호박이 고개를 삐죽 내밀고 하늘을 바라본다. 흰 구름이 텃밭을 내려다보며 싱글벙글 웃는다.

텃밭은 기쁨의 도가니며 열락의 쉼터다. 텃밭은 시다. 초보 농부의 작은 텃밭은 행복의 나라다. 고개 숙여 청춘을 보냈던 곳에 이런 행복은 없었다. 행복을 찾으려고 긴 세월을 돌아왔다.

중요한 것은 마음이다.
욕심을 버린 곳에 만족이 있고, 만족이 있는 곳에 행복이 있다.

# 애모
-빛과 그림자


빛이여!
태초에 맺은 우리 인연은
떼려야 뗄 수가 없습니다
나의 생명이며 존재의 근원인 임이여!
당신을 죽도록 사랑합니다
시도 때도 없이 당신을 그리워합니다
당신이 있기에 내가 있습니다
당신이 없으면 나는 없습니다
우리 질긴 사랑은 숙명입니다

구름과 바람과 비와 눈
그동안 저들은 우리의 사랑을 얼마나
시기하고 질투하며 방해했던가요?
우리 잠시 헤어진 시간에도
나는 슬퍼 눈물을 흘렸습니다

먹구름과 사나운 비바람이 몰려와도
하나도 두렵지 않습니다
당신이 활짝 웃으며 살며시

다가올 것을 믿기 때문입니다
때로는 더부살이 운명이 슬프기도 하지만
당신이 있어 견딜 수 있습니다
간혹 사라지는 일탈은 당신을 향한
나의 깊은 애정이라 생각하세요
그건 내 뜻이 아니랍니다

어둠이면서 어둠에 낄 수 없는
나는 어둠의 이단입니다
어둠은 나를 옭아매는 덫이라
어둠이 싫어요

어둠 속에서 늘 나를 구원하는
빛이여!
이브가 아담의 분신이듯이
당신으로 인해 태어난 나는
당신의 분신입니다
당신의 노예입니다
죽도록 당신을 사랑하는
당신의 그림자입니다
일편단심 당신만 바라보니
항상 내 곁에 머물러 줘요
사랑하는 나의 임이여!
오 영원한 내 사랑이여!

## 하루의 뼈대

눈 뜨자 일본다
일보고 걷는다
아침 먹고
점심 먹고
저녁 먹고
잠잔다
하루가
싸고 먹고 자며
시나브로 지나간다

지금 내가 사는 게 그렇다

# 2부

고양이와 나뭇잎과 논다

## 묘옹과 황태포

아침에 오시다니 일찍도 오셨네요
어르신 오신 뜻은 순전히 입맛 때문
비린 것 먹고 싶어서 마실을 나오셨죠

애교 만점 어르신 갖은 아양 떨면서
올랭피아* 포즈로 교태를 부리시네
갸르릉 목소리 높여 황태포를 찾네요

얼마나 먹고 싶어 아침부터 오셨을까
오늘은 야옹이 날 맞난 것 드려야지
졸지에 나는 황태포 배달부가 됐어요

찾는 이 별로 없는 한적한 우리 집에
날마다 찾아오는 이웃집 저 묘옹猫翁님
어르신! 많이 드시고 편히 쉬다 가세요


*에두아르 마네의 그림

## 어떤 기도

하느님!
개를 버리는 인간들과
고양이를 버리는 인간들과
사람의 자식을 버린 인간들을
그냥 두지 마옵소서
살아있는 생명을 유기한
그들에게 천벌을 내려주시옵소서
그들을 지상에서 얼른 데려가시옵소서

개와 고양이와 사람의 눈에서
더 이상 슬픔이 흐르지 않도록 도와주시옵소서

하느님!
간절히 빌고 또 비옵나니
반드시, 꼭, 기필코, 필야$^{必也}$ 들어 주시옵소서

지상에서 존재 이유를 상실한 그들이니 어서 그들을
광대한 저 우주의 블랙홀로 인도하여 주시옵소서!

〈

또한 견공을 모시고 기분 좋게 산책하면서
개똥을 치우지 않고 그냥 지나가는 질 나쁜 하인들은
잠시 지상에 머무름을 허락하시되
혼꾸멍을 꼭 좀 내주시옵소서

저는 늘 하느님을 흠모하고 경배하며 사랑하오니
제 소원을 필히 들어 주시옵소서!

## 바람개비

울타리에 꽂아둔
바람개비가
힘차게 빙글빙글 돌아갔지

바람이 멎자
바람개비가 회전을 멈췄지

빙글빙글 돌아가는
바람개비가 보고 싶었지
멈춘 바람개비를
살리고 싶었지

바람개비를 손에 들고
냅다 달렸지
바람개비가 돌고 돌았지

유년의 추억 속에서
아스라이 돌아가던 바람개비

〈
바람만 기다릴 수도 없었고
바람을 포기할 수도 없었지

바람이 불지 않을 때는
스스로 바람이 되어야 했지

바람이 없어도
바람개비처럼 돌아야 했던
지난날이 있었지

살다 보니 바람 없어도
돌아가는 바람개비가 되었지

세월의 바람개비
지금도 빙글빙글 나를 돌리지

## 거울에게

난 너를 보고 넌 나를 본다

네 속엔 나 있고
내 속엔 너 없지만
우리는 서로 한통속이다

서로 마주 보며
함께 행동하는 너와 나
우리는 완벽한 대칭의 판박이
난 너를 포옹抱擁하고
넌 나를 포용包容한다

난 너를 따라 하고
넌 나를 따라 하니
우리 사이엔 벽이 없구나

어느덧
나 늙으니 너도 늙었구나
떠나간 우리들의
젊음은 어디에 머물까?

〈
나 사라지면 너 사라지고
나 없고 너 없는 이 세상

어차피 상면$^{相面}$이 끝나면
헤어지는 너와 나
평생 앞만 볼 뿐
속과 뒷모습 볼 수 없어
우리 사이엔 벽이 있구나

서로 좋아하지만
등 돌리면 멀어지는
갈 길이 달라 남남인 우리

바라보는 사이에 블랙홀처럼
내 세월을 다 삼켜버린 너여!

저 못생긴 배불뚝이는 나 아니다
우리 맨 처음으로 다시 돌아가자

# 동네 아이

양수리행 버스를 기다렸다
어린 초등학생이 다가왔다
마스크를 쓰고 큰 가방을 맨 한동네에 사는
열 살의 초등학교 3학년 어린이다
눈빛이 별처럼 초롱초롱하다
골목길 지나가다가 보았다
할머니와 둘이 산다
-아빠는 뭐 하시니?
-그런 것 물어보면 대답하지 말라고 하셨어요
이 말은 곳곳이 아프니 더 이상 묻지 말라는 입막음이리라
-아, 미안하구나!
아이의 아픈 곳을 찔렀나 보다
-친할머니시니?
-네!
대화는 거기서 끝이 났고
나는 아이의 머리를 가볍게 쓰다듬어 주었다
때로는 관심이 불편한 슬픔을 부를 수도 있다

할머니는 손자가 못 미더웠던지
지팡이를 짚고 불편한 몸으로 정류장에 나왔다
우리는 버스를 탔고 아이는 학교 앞에서 내렸다
사연이 없는 사람이 있을까?
저 애도 사연이 많을 것이다
환갑을 넘긴 이 나이에도
하늘에 계신 어머니가 보고 싶은데
저 어린 것의 마음은 오죽할까를 생각하니
온종일 마음이 울적하였다
천진난만한 눈빛이 선하다
아이가 세상을 밝게 열어가길 간절히 바란다

# 나나

기다린다는 것은
보고 싶다는 것이다
나는 그녀를 기다린다
그녀가 보고 싶은 것이다
배우자 있는 남자가
음흉하게 다른 여자를
그리워한다는 것은
있을 수 없는 일 아닌가?
그러나 나는 뻔뻔스럽게도
아내가 이해하기를 바라며
그녀를 기다리는 것이다
날마다 날 보러오는 그녀가
오지 않으면 몹시 궁금하다

우리 집에 오면 그녀는
파라솔 밑의 탁자에 앉아
마치 마릴린 먼로 같은
요염한 포즈를 취하며

지그시 나를 바라본다
그리고 눈짓으로 말한다
나는 급히 거실에 들어가
그녀의 선물을 가져온다
내가 그녀를 좋아하는 만큼
그녀가 나를 좋아하는지는
여전히 의문이다

뒷집의 고양이 나나
그녀의 사랑은 내가 아니다
그녀가 흠모하는 것은 오로지 황태포다
나를 보러 오는 것이 아니라 황태포가 먹고 싶어
날마다 우리 집에 방문하는 것이다
황태포가 맺어준 우리 만남은 신실하며 다정하다

오매불망, 그녀의 소원은
미남이 아닌 누런 황태포다
그녀에 대한 사랑이
나만의 짝사랑일지라도
난 그녀의 환심을 사려고
날마다 황태포를 준비한다
그리고 그녀를 무조건 기다린다

## 나뭇잎에 빠진 남자

북한강 변 산책 중에 보았던
플라타너스의 낙엽
그 색깔이 너무나도 고왔죠

작년 늦가을 서리 맞은
낙엽을 한참 바라보다가
그만 나뭇잎에 깊이 빠져버렸죠

고운 색깔을 붙잡고 싶어
낙엽을 오려 백판지에 붙였죠
죽은 나뭇잎이 부활하여
나를 바라보며 웃었죠

난 나뭇잎에 숨을 불어넣어
새 삶을 주는 화가가 되었죠

합창하는 부활의 낙엽들

〈

난 그들의 모습을 바라보며
잔잔한 코러스에 취해
희열을 느끼며 사는
나뭇잎에 빠진 남자

낙엽들의 합창을 들으면
나도 모르게 얼굴에
웃음꽃이 활짝 피어나죠

## 나, 명월이

나는 엄지손가락만 한 갈색의 작은 돌멩이입니다
1억 5,600만 년 전에 모석에서 떨어져 나와 혼자 살게 되었습니다
수많은 지각변동을 겪으며 이 돌 저 돌과 섞여
깊은 물에 잠겨 긴 세월을 보내다가
땅이 서서히 솟아올라 뭍으로 나오게 되었습니다
어릴 때는 사나운 공룡들과 함께 강에서 놀았습니다
나는 산비탈의 밭두렁에서 잠자다가 그의 눈에 띄어
적막강산을 벗어나 밝은 세상으로 나오게 되었습니다
그는 나를 한참 동안 이리저리 살펴보다가
주머니에 넣고 자기 집으로 데려와
찬물에 박박 문지르며 목욕시켜주었습니다
태어나서 줄곧 하늘과 땅을 벗 삼아 밖에서 지냈는데
훈훈하고 따뜻한 집 안으로 들어오자 기분이 무척 좋았습니다
그는 미소를 지으며 나를 지긋이 바라봅니다
그러다가 명월광만공산明月光滿空山,
밝은 달빛이 빈산에 가득 찼다며 기뻐합니다

그리고는 나를 명월이라 부르겠다고 말했습니다
나는 그 말이 무슨 뜻인지 몰랐습니다
내 모습이 그렇게 보이나 봅니다
내 몸에는 하얗고 둥근 상처가 있고
상처 옆에는 작은 산이 두 개 있습니다
그는 시간만 나면 내 얼굴을 쳐다봅니다
내가 그렇게도 좋은가 봅니다
그의 집에는 내가 한 번도 보지 못한 것들이 많습니다
그중에서도 밤에도 빛나는 전등이 너무나 좋습니다
나는 어둠이 싫습니다
그는 돌에 이름을 지어주는 것이 취미인가 봅니다
거실에는 둥근 달걀 같은 돌이 몇 개 더 있습니다
나는 이 돌들보다 높은 곳에서 이 돌들을 내려다봅니다
하찮은 작은 잡석에 불과한 나를 이름까지 지어주고
좋은 자리를 마련해 사랑해주는 그가 고맙습니다
언제까지나 그와 함께하면서 달처럼 빛나려고 합니다
나, 명월이입니다

## 명상에 자빠지다

마음을 다잡고 명상을 준비한다
잡념이 삐죽삐죽 고개를 내밀고 덤빈다
다시 마음을 잡고 지그시 눈을 감는다
휴대폰이 요란하게 울린다
전원을 끄고 명상의 숲속을 걷는다
무념무상의 경지를 그린다
옛날 그녀가 갑자기 떠오른다
몰입되지 않는다
졸음이 밀려온다
당당 멀었다
그건 멍때리는 것이다
졸음이 오면 명상은 죽는다
명상은 조는 것이 아니다
멍때리는 것과 명상은 다르다
멍때리기는 화두가 없지만
명상은 화두 속으로 빨려 들어가는 거다
명상은 몸과 마음이 하나가 되어
허공에서 물고기처럼 헤엄치는 것이다

명상은 허공에서 허무를 허무는 것이며
암반에서 맑은 물이 졸졸 흘러나오듯이
머리에서 고요한 무상 속을 거니는 것이다
명상은 시공을 벗어난
무념의 세계를 여행하는 것이다

−여보세요, 아무도 없어요?

오늘은 명상에 자빠지는 날이다

# 안부 인사

-잘 삽니까?
-예, 잘 쌉니다

잘 사냐고 묻기에 잘 싼다고 답했다

잘 싼다는 것!
고마운 일이다 감사한 일이다 행복한 일이다

잘 먹고 잘 싸고 잘 자는 것!
건강한 삶이 바로 이것 아닌가?
이 기본 기능이 원활하지 않아
수리 센터를 찾는 이들이 부지기수다

차면 버리는 것이 순리다
쌀 때 고통을 겪어본 사람은 안다
큰일이든 작은 일이든 밤일이든
일보고 나면 그 얼마나 시원하던가?

〈
건강을 잃으면 천하를 잃는다
잘 먹고 잘 싸고 잘 자며
건강할 때 건강을 지켜야 한다

–그럼, 또 연락해요
잘 먹고 잘 싸고 잘 자요!

잘먹싸자!
그대 건강하시라는 말이다

우리가 누군가?
우리는 기분이 나빠 헤어질 때도
상대방의 건강을 빌어주는 위대한 민족 아닌가?

–그래 너 잘났다, 잘 먹고 잘 살아라!

## 낙엽의 부활

길가에 뒹구는 낙엽이 쓸쓸하다
지금은 된서리 내리는 찬 계절
나뭇잎들이 열반을 향해
울긋불긋한 수의를 입고 떠난다

낙엽의 고운 색을 보내기 싫어
먼 길 떠나는 낙엽을 붙잡았다
낙엽들이 책 속에서 몸을 펴며
마음을 다잡고 묵언수행 중인데
갑자기 떠오른 엉뚱한 생각은
나뭇잎 그림이었다

폐박스의 바탕에 그림을 그려
투명 종이로 그림을 본뜬 후
그 그림을 플라타너스 낙엽에 대고
송곳으로 눌러 모양을 새겼다

집중하여 몰입하며 낙엽에서
칼로 그림을 오려냈다
숨을 참으니 입이 말랐다

낙엽은 제 살점을 주지 않으려고
안간힘을 썼다
낙엽의 실핏줄은 죽어서도
제 몸을 꼭 붙잡고 감쌌다
화난 낙엽은 쉽게 바스러지기에
어르고 달래며 조심해서
그의 살을 오려내야 했다
손이 떨리고 등에 땀이 흘렀다

칼날과 낙엽의 긴장이 지속되다
낙엽이 결국 제 살점을 내줬다
오려낸 낙엽의 작은 조각들을
판지의 밑그림에 목공풀로 붙이니
새와 꽃과 동물이 되는 낙엽의 피붙이들
죽은 낙엽이 살아나 숨을 토했다

낙엽의 생기 띤 모습을 보며
만면에 기쁨의 미소 번질 때
말러* 교향곡 2번 〈부활〉의 선율이
부활한 낙엽을 힘차게 껴안았다


*구스타프 말러(Gustav Mahler 1860~1911): 보헤미아 태생의 작곡가며 지휘자

## 장맛비

목마른 대지에 단비 내리니
간절히 빌며 기다리던
자연의 벗들 와자지껄 웃는다

빗소리 들으며 마시는
아침 따뜻한 커피 맛이 달다

낮은 음악이 빗속을 흐르고
유리창의 빗방울들
포옹하며 해후를 즐기는데

지붕에 떨어지는
기쁜 선물의 합창을 들으며
과거로 여행을 떠난다

비는 내리고
상념이 큰 날개를 달아
세월의 벽을 넘어

옛날로 힘차게 날아간다

붙잡을 수 없는
그리움을 움켜쥐려고
힘껏 날아보지만
그리움은 더 멀어져
이미 지나온 길이
허전함으로 가득하다

비가 내린다
장맛비가 주룩주룩 내린다
추억이 방울방울 내려
마음을 흥건하게 적신다

한세월이 장맛비에 젖는다

## 스파이 침입 사건


   남양주 재재기마을의 한 기밀시설에 스파이가, 경계가 삼엄한 방충망을 뚫고 과감하게 백주에 침입하여, 방충망 작전본부에서는 긴급회의를 소집하고 탐색팀과 체포팀을 긴급 파견하여, 시설 책임자 오 씨에 의하면 시설에서 사용하는 채소를 살펴보기 위해서 출입문을 열고 텃밭에 잠깐 나갔는데 그때 스파이 침입한 것으로 추측하여, 탐색팀이 점검 후 방충망은 이상이 없는 것으로 확인되어, 시설 내에 설치한 CCTV 올빼미눈을 분석한 결과 스파이는 식탁의 바나나, 사과, 찐밤, 참외, 주방의 음식물 쓰레기봉투 주변을 스쳐 가 배가 고픈 것으로 확인되어, 간첩은 독실한 기독교 신자처럼 항상 두 손 모아 기도하면서 다니는 모습이 포착되어, 체포팀은 신문지, 전기모기채, 파리채 등 최신 무기로 무장하고 스파이를 체포하기 위해 혈안이 되어, 스파이는 눈에 보여도 워낙 행동이 빨라서 붙잡기가 쉽지 아니하여, 스파이는 네 시간 동안 시설 내부의 허공을 휘어잡고 날아다니며 체포팀을 희롱하다가 방충망을 뚫고 탈출하려는 순간에 체포팀의 전광석화처럼 내리치는 신문지라는 무기에 압사되어, 방충망작전본부장은 녹음기를 틈타 인근에서 스파이가 자주 침입함으로 앞으로는 보안시설이라도 방충망작전본부에 직접 신고하지 말고 각자 이녁들이 알아서 해결하라고 당부하여, 아울러 스파이 사망에 따른 별도 인터뷰는 실시하지 않는다고 발표하여, 누구라도 그러하듯이 떠난 자 말이 없어, 스파이의 죽음으로 마침내 사건은 종료되었다는 것이다.

# 도리론

인간의 도리는 윗도리와 아랫도리가 있다
윗도리만 있고 아랫도리가 없으면 인간이 될 수 없고
윗도리가 없고 아랫도리만 있어도 인간이 될 수 없으며
윗도리와 아랫도리가 모두 있어야 인간이 될 수 있다
도리는 긍정의 산물이니 도리질하지 마라
아담과 이브가 부끄러움을 느꼈던
바로 그 순간에 인간의 도리가 탄생하였다
인간은 그때부터 윗도리와 아랫도리를
따로따로 사용하게 되었던 것이니
윗도리를 잘 사용해야 아랫도리가 탈이 없다
윗도리를 무시하고 아랫도리를 잘못 사용하여
낭패를 본 사례는 역사상으로 부지기수다
이단아인 원피스는 제외한다
도리를 논할 자격이 없기 때문이다
도리는 물이 위에서 아래로 흐르는 것과 같다
윗도리가 흐리면 당연히 아랫도리도 흐리다
윗도리는 말과 정신이며 아랫도리는 몸과 행동이다
윗도리는 형이상학적이며 아랫도리는 형이하학적이다

윗도리와 아랫도리가 온전하여야 완전한 인격이 형성된다
윗도리는 입과 손이, 아랫도리는 성기와 발이 대표주자다
도리의 네 부위는 항상 역사 발전의 원동력이 되었다
윗도리와 아랫도리를 잘못 사용하면
현행법에 따라 엄격한 처벌을 받을 수 있으니
도리를 사용할 때는 각별히 조심하여야 한다
윗도리와 아랫도리가 따로 놀면 문제가 될 수 있으니
반드시 혼연일체가 되어 손발이 맞아야 하며
항상 함께 있으면서 서로 보호하여야 한다
세상이 아무리 무질서하더라도 함부로
윗도리와 아랫도리를 벗어던져서는 안 된다
인간이 동물과 다른 것은
언제나 윗도리와 아랫도리를 잘 간직하여
참된 도리를 지켜왔기 때문이다
윗도리와 아랫도리를 잘 지켜야 인간이 된다

## 아들에게

가파른 담장 틈에서도
꽃이 피고
낭떠러지 암벽 틈에서도
나무가 자란다
좁은 틈새에서 고개 내민
저 강인한 생명들을 봐라

도로 틈새의 잡초
보도블록 틈새의 민들레
담벼락 틈새의 망초
바위 틈새의 도라지꽃
전봇대 틈새의 제비꽃
암벽 틈새의 소나무

틈새에서 자라는 것들은
다 백절불굴이다
허기진 경험이 있기에
궁핍을 두려워하지 않는다

〈
부자 아비가 아니라
몹시 미안하구나
가난은 순간의 고통일 뿐
죄가 아니다

네게 물려줄 재산은 없으나
세상을 헤쳐 나가는
바른 정신을 심어주었으니
아비로서 부끄럽지는 않다

용은 개천을 떠났고
떠난 용은 다시 오지 않는다
하지만 세상의 틈새에서
여전히 예쁜 꽃들이 피구나

아들아
처한 환경을

비관하거나 실망하지 말고
네 마음속 틈새에
예쁜 꽃을 키워라

아들아
너무 완벽해지려고 하지 마라
틈은 여백이며 정이며 곁이니
가슴 속에 항상
작은 틈을 두고 살아라
그리고 그 틈새에 늘
미소가 머물 수 있도록 하여라

# 3부

어느 날 뒤돌아보니

## 꿈이라는 꽃


어제보다 나은 오늘

오늘보다 좋은 내일

내일보다 고운 미래

꿈이 자라는 곳에는

늘 찬란한 꽃이 핀다

## 동거

한집에서 동거하는 벼와 피
애증을 겪고 사는 부부 같다

당신은 피 나는 벼
아니면
당신이 벼이거나 내가 피
피와 벼의 사이
가깝지만 멀기도 하다
색깔은 같아 보이지만
모습도 성깔도 다른 벼와 피
그래도 한곳에서 등을 맞대고 산다

생이란
이합집산하거나 지리멸렬하며 부유하는 것
접근과 회피를 반복하며
한 지붕 아래 함께 사는데

서로 마음을 주다가도

멀어지면 언제 그랬냐는 듯
서로 딴 길을 가기도 한다

촌수가 없는 사람 둘이
새로운 촌수를 만들어가며
함께 부대끼며 사는 것

그것이 동거다

# 세월

떠나는 그가 아쉬워
붙잡고 싶지만
그럴 수가 없습니다

무정한 그는
뒤도 돌아보지 않고
앞으로만 달려갑니다

한 번쯤 멈춰 서서
뒤돌아볼 것 같아
그의 뒤를 따라가지만

그는 항상 앞서가며
뒷모습만 남긴 채
멀리멀리 멀어집니다

어느덧
잔주름과 흰머리

그가 남긴 선물입니다

볼 수 없는 그가
자기만 혼자 가지
꼭 나를 데리고 갑니다

# 나이

어릴 때는 많이 먹어 빨리 어른이 되고 싶었지

젊을 때는 멋모르고 먹으며 앞만 보고 달렸지

어느 날 거울을 보니 낯선 중늙은이가 보였지

먹다 보니 한층 한층 세월의 더께가 쌓여 어느새 이순이 지났지

다 먹어도 이것은 조금 천천히 먹고 싶은 마음인데

그는 기다려 주지 않고 지금
저 앞에서 나를 이끌며 갈수록 속도를 높여 성큼성큼 걸어가네

많이 먹으면 좋을 때도 있지만
많이 먹으면 떠나야 하는 이것

〈
보내기 싫어 꽉 붙들고 싶지만
밀려왔다 밀려가는 파도처럼
자꾸 내게서 도망가는 이것

가깝게도 멀리도 할 수 없는 동반자여!

천천히 가자
제발 속도 낮춰 싸목싸목 가자

## 책의 향기

책이 귀한 시절
책을 사면 먼저 코로 냄새를 맡아
잉크 향기를 적셨다

그 후 눈으로 보고 검지로 넘기면서
글의 향기에 젖었다

책 냄새 앞으로는 맡을 수 없을 것 같다

후각은 말짱한데
아, 종이책이 점점
모습을 감추기 때문이다

코로 냄새를 맡고 눈으로 글을 읽고
검지에 침을 묻혀 넘기며
온몸으로 맛보던 책의 맛

이제는 전자북이 대세라

코가 무척 외로울 것이다

열두 살 코끝에 스미던
울 엄마 밭 맨 품삯으로 산
'어깨동무'*의 향기가
지금도 어제처럼 생생한데

100년 후
종이책은 박물관에서
쿨쿨 깊은 잠을 자고 있을 것이다

파피루스 이야기 아니다

사라지는 것들은 모두 그 향기를 감춘다


*육영재단에서 발행했던 어린이 월간 종합지

## 무욕탕

과도한 욕심이 사라지기를 바라며
무욕탕<sup>無浴湯</sup> 조리법을 알려드리니
많이 활용하여 주시기 바랍니다

먼저 마음의 솥에 냉수를 가득 부어
질투, 아집, 독선을 넣고
센 불로 가열하다가 끓으면
분통<sup>憤痛</sup>을 터트려 가열하세요
시기, 이기심, 양심불량, 심통을 추가하여
약한 불로 은근하게 가열합니다

이후 뻐꾸기의 나쁜 마음을 넣고
철면피와 내로남불을 추가하면
그 맛이 더욱더 강열해지죠
심술보에 담긴 심술도 넣어
잘 섞이도록 크게 휘저어주세요
재료가 잘 섞여야 효과가 크며
명상의 자세로 솥을 저어줍니다

탕이 다 끓은 후에는
마음속에서 천천히 음미하세요

욕심이 많고 표리부동한 사람은
반드시 드시길 권장합니다
겉과 속이 같아질 때까지 반복하면
서서히 욕심이 줄어들게 됩니다

욕심이 줄어들면 마음이 맑아지고
마음이 맑아지면 양심이 되살아나

결코 자신을 속이지 않게 되어
이 세상이 맑고 밝아집니다

## 어린 밤나무를 위한 기도


냉장고에 보관하던 밤을 삶아 먹으려고 꺼냈더니
밤알 하나 싹이 돋아 있었지
싹튼 밤을 차마 끓는 물 속에 넣을 수가 없었지
겨우내 추위에 떨며 지냈을 밤을 생각하니
마음이 찡했지

빈 화분에 그 밤을 심었지
기다려도 싹이 돋지 않아 까맣게 잊고 지냈는데
봄의 끝자락에 작은 싹이 다소곳이 머리를 내밀었지

죽음의 수용소 아우슈비츠에서 살아 돌아온 유대인 같은 밤알
긴 어둠 속에서도 빛을 보려고 강한 의지로 살아남은 밤알
화분에서 푸르게 잘 자랐지

작년 여름이었지
자식 제금* 내보내는 심정으로

어린 밤나무를 집 부근의 산에 심어
자연의 품으로 돌려보냈지

다시 여름이 오고
밤나무의 안부가 궁금해서
어린 밤나무 심었던 곳을 찾았지
푸르게 자라는 밤나무를 보니
나도 모르게 눈물이 나왔지

무럭무럭 탈 없이 자라서
다람쥐의 친구가 되라고 기도했지

밤나무를 한참 쓰다듬어 주고
또 아쉬운 작별을 했지


*딴살림의 방언

## 이름

  이름은 자신의 인생을 담보로 미리 빌려 쓴 빚의 차용증이다 이름을 받는 순간 누구나 빚쟁이가 된다 그 빚을 갚기 위해서 평생 이름값을 해야 한다 누구나 태어나면 무명이다 무명을 벗어나려고 자신을 꾸준히 갈고닦는다 유명으로 가는 길은 멀고 험난하다 유명의 배후에서 오명과 악명이 방해를 한다 늘 조심해야 한다 유명은 자기 얼굴을 파는 것이다 사람들은 자신을 팔기 위한 수단으로 명함을 사용한다 명함은 위치에 따라 얼굴을 자주 바꾼다 이름은 제자리를 고수하려 애쓰지만 명함은 처한 자리에 따라 수시로 변한다 자신을 알리기 위해 얼마나 많은 명함을 주었던가 명함의 감투를 벗으면 남는 것은 빈껍데기 이름뿐이다 직업을 잃으면 명함이 힘을 잃듯이 이름도 사용기한이 도래하면 힘이 없어 반납해야 한다 미반납 이름들이 허공을 떠돈다 단물 빠진 이름을 비석에 새긴다 떠날 때는 차용증을 반납해야 한다 더러 오명과 악명이 섞여도 어쩔 수 없다 차용증에 붉은 줄이 그어지면 그대는 자유인이다 다시 무명이다 이름 없이 와서 이름 빌려 살다 이름 반납하고 이름 없이 가는 그대, 그동안 빚 갚느라 애썼다 채무를 면한 당신 부디 잘 가시라

## 그런 동물이 있다

　세상에서 가장 변덕이 심한, 하루에도 몇 번씩 마음이 변하는, 겉과 속이 다른, 열 길 물속은 알아도 한 길 속을 모르는, 입과 마음이 다른, 욕심이 끝이 없는, 남을 속이려다 자신이 속기도 하는, 자신이 자신을 속이기도 하는, 자기를 위해서 남을 짓밟는, 돈을 위해서라면 물불 안 가리는, 잠시라도 가만히 있지 못하고 꼼지락거리는, 혼자서는 살 수 없는, 비교하기를 좋아하는, 신을 만들어 신을 파는, 돈을 매우 좋아하는, 개와 고양이를 좋아하는, 울고 왔다가 울리고 가는, 빈손으로 왔다가 빈손으로 가는, 자칭 만물의 영장이라고 칭하는, 한낱 티끌에 불과한, 아주 엉큼한, 그런 동물이 이 세상에 살고 있다.

## 서대와 박대

못생긴 바닷물고기 서대
거기에 버금가는 박대
두 물고기 생김새 거그서 거그
아귀 쏨뱅이 도치가 그러듯이
자고로 물고기는 못생긴 것들이 맛있는 법
그라제, 못생겨도 맛은 좋아!

동백꽃 피는 남해 오동도의 여수 사람들 서대를 좋아하고
신선이 노니는 서해 선유도의 군산 사람들 박대를 좋아하제

서대도 박대도 서민의 물고기
입이 짧은 부자님들 안 드셔도
서대회 먹어 보면 부드러운 그 맛에 깜짝 놀라고
박대구이 먹어 보면 구수한 그 맛에 깜짝 놀라제

오매, 침 꼴딱 넘어가부네

〈
오동도와 선유도 사이
여수와 군산 사이
남해와 황해 사이
거그 푸렇고 푸런 바다에
서대와 박대가 살고 있제
못생겨도 겁나게 맛 좋은
서대와 박대가 살고 있제
투박한 전라도 사람 닮은
서대와 박대가 살고 있제
값비싼 흑산도 홍어 배 아픈디
수수한 서대와 박대 사이
모양새 거그서 거그지만
맛은 거그서 거그 아니라네

아따, 겁나게 맛난 거
여수 가면 서대회, 군산 가면 박대구이
뭔 말인지 알제?

## 유월의 시

흰 구름이 변장술을 뽐내며 푸른 하늘에 시를 쓰고요
하늘은 발가벗고 파란 강물에 뛰어들어 시를 씁니다
하늘과 산과 구름이 합창하며 무논에 시를 쓰고요
친구늘의 환대 속에 어린 벼가 연둣빛 시를 씁니다
들오리 왜가리 해오라기 논에서 사랑의 시를 쓰고요
떠나기 싫은 담벼락의 붉은 그녀 이별의 시를 씁니다
당신이 그리운 접시꽃 그리움의 시를 쓰고요
고독을 울리는 비린 밤꽃 외로움의 시를 씁니다
붉은 태양 땀을 뻘뻘 흘리며 정열의 시를 쓰고요
산들바람 미소 지으며 청량한 시를 씁니다
뽕밭의 검붉은 오디 다디단 시를 쓰고요
보리수 열매 얼굴을 붉히며 새콤한 시를 씁니다
노란 금계국 몸매를 자랑하며 날씬한 시를 쓰고요
은행나무 그늘을 내밀며 시원한 시를 씁니다
개미들 쉼 없이 일하며 노력의 시를 쓰고요
무거운 등짐 멘 달팽이 인내의 시를 씁니다
까치와 물까치들 새끼 부르며 시를 쓰고요
초록빛 나무들 살랑살랑 춤추며 시를 쓰고요

소쩍새 밤새 슬피 울며 애절한 시를 씁니다
자연은 시인입니다
유월의 자연은 다 시인입니다
보고 읽고 들어봐요
눈앞에 있는 저 아름다운 유월의 시를

그리고 잊지 말아요
슬픔으로 진 유월의 그 아름다운 꽃들을

## 쓰레기통 속의 새봄

해마다 연말이 되면
골방이나 카페에서
술 중독 수전증 환자처럼
심하게 손을 떠는 그들

우체국에 다녀온 후
이리저리 뒤척이며
불면의 밤을 새우며
손꼽아 새봄을 기다린다

흐릿한 연기 속으로 사라지는 긴 침묵의 시간

그대는 꽃이라고 보냈고
그는 쓰레기라고 버린다

오직 한 송이만 피는 꽃

혹시나 했는데 역시나

기대는 도로무공
안타깝지만 어쩔 수 없다

한 해의 끝자락에서 피지 못한 미지의 꽃들이
봄이 채 오기도 전에 냉혹한 겨울의 칼날에
허리가 싹둑 잘려 하얀 피를 왈칵 쏟으며
쓰레기통 행이다

그대는 안다
쓰레기통 속에서는
꽃이 필 수 없다는 사실을

-이제 그딴 짓 그만하지!

그녀의 말이 정답이니
앞으로 오답 노트는 쓸모가 없겠다

새봄이 또 요원하다

## 놀자

공맹은 서당에서 놀고
노장은 산속에서 놀고
손자는 쌈터에서 놀고
묵자는 주유하며 놀고
모두 놀고 노는 이 세상
세상의 가장 큰 기쁨은
노는 것이니
놀자
기쁘고 즐겁게 놀자
놀자
슬픔을 잊고 놀자
놀자는 세상의
가장 즐거운 이름
나도 너도 놀자
우리 모두 놀자
우리 세상에 놀러 왔으니
세상은 놀다 가는 곳이니
놀자

가는 세월 붙잡으며 놀자
춤추며 노래 부르며 놀자
세상은 노는 곳이니
놀다가 가자
재미있게 놀다가 가자

## 사라지는 것들에 대하여


사라지는 것은 보이지 않는 것
사라지는 것은 잃어버리는 것
사라지는 것은 잊어버리는 것
사라지는 것은 생각나지 않는 것
사라지는 것은 떠오르지 않는 것
사라지는 것은 까먹는 것
사라지는 것은 찾을 수 없는 것
사라지는 것은 정신줄 놓는 것
사라지는 것은 레테의 강을 건너는 것

얼굴이 사라지고 이름이 사라지고
기억이 사라지고 추억이 사라지고
낱말이 사라지고 언어가 사라지고
눈물이 사라지고 웃음이 사라지고
감정이 사라지고 이성이 사라지고
마침내 그가 그에게서 사라진다

그는 그가 아니다

그는 그를 모른다
그는 누구였던가?
모른다
올 때도 모르고 왔으니
갈 때도 모르고 가야지
다 잊고 빈손으로 가야지

사라지는 것은
온전히 버리고 가는 것
퇴적층처럼 켜켜이 쌓인 세월 다 허물고 가는 것
다시 어린애가 된 노인이
엄마 품으로 갈 날 기다리며
엄마가 사 준 신발이라며
검정 고무신 가슴에 꼭 껴안고
지상에서 맨 처음 배운 말
엄마를 애타게 부르고 있다

# 후딱

나는 전광석화를 흠모합니다.

성질이 급해 지체를 몹시 싫어하죠. 쇠뿔도 단김에 빼듯이 바로 결과를 봐야 직성이 풀리는 성격입니다. 친구들도 대체로 성질이 급하며 고약합니다. 브레이크가 없는 애들이죠. 빨리, 얼른, 속히, 냉큼, 퍼뜩이 나의 친구들입니다. 내가 싫어하는 애들은 늦게, 서서히, 천천히, 싸목싸목이죠. 나는 거침없이 질주하며 중단 없는 전진을 합니다. 속전속결을 좋아하죠. 앞만 보고 달려가며 뒤를 돌아보지 않습니다. 이팔청춘의 젊은이처럼 빠르며 팔팔합니다. 그동안 급하게 달려왔죠. 그런 행동으로 인해 때론 건물이 왕창 무너지고 때론 다리가 와장창 내려앉기도 했습니다. 나를 너무 나무라지는 마세요. 나도 더러 내가 아닐 때가 있습니다. 사람들이 잘살게 되었으니 내가 기여한 공도 있습니다. 나도 아픔이 있습니다. 바쁜 만큼 수명이 짧죠. 고칠 수 없는 나의 운명입니다. 나를 급히 해치우더라도 즉시 떠나지는 마세요. 세상은 급한 것보다 느긋한 것이 좋다고 말합니다.

그런 나를 사람들은 후딱이라고 부릅니다.

# 4부

인간의 숲속에서

## 내팽개치는 것들

해 뜨면
별 볼 일 없는
가로등처럼
평소 요긴하게 쓰다가
언제 그랬냐는 듯이
내팽개치는 것들이 있지

단물 빠진 껌
여름 지난 선풍기와 부채
비 갠 뒤의 우산
뒤축 닳아진 운동화
의류 수거함 속의 빛바랜 옷
그리고
공원에서 해바라기하며
졸고 있는 그들

그것은 어쩔 수 없는
그들이 사는 방식이지

# 여자

지상의 절반이던 날쌘 종족이 나날이 세력을 확장하여
그 절반에서 벗어나 지구를 다 점령하였다

초등학교를 점령하고, 우체국을 점령하고
동사무소를 점령하고, 검찰청을 점령하고
법원을 점령하여
모든 관공서의 점령군이 되는가 싶더니
비행기를 점령하고, 버스를 점령하고
포클레인을 점령하고 타워 크레인까지 점령하였다.

이제 군도 그들의 손아귀에 들어갈 날이 머지않았다
어쩌면 군은 예전에 이미 점령했을지도 모른다
군에 있는 그자들을 집에서 그들이 통제하고 있었기 때문이다

그 종족의 힘이 미치지 않는 곳이 없어 무소불위다

타오르는 요원한 불꽃!

그칠 줄 모르는 강력한 힘!
세상은 여자라는 종족이 다 접수하였다
지금은 여자의 시대다

밥하고 빨래하고 아기 보며 맛있는 음식 만들어 놓고
용감한 그들을 기다리는 세상의 절반도 안 되는
그자들이 가련하다.

새벽이 오면 우는 수탉보다도 못한 맥없는 그자들!
누가 역사를 히스토리라고 했는가?
까불지 마라
역사는 자고이래로 허스토리다

## 엄마가 아파요

엄마가 아파요
엄마가 많이 아파요
세상의 애들이 엄마를 못살게 괴롭혔어요
본래 엄마의 정신이 혼미했던 것은 아니었어요
애들이 엄마 말을 듣지 않자
엄마는 피로가 쌓여 정신을 잃고 돌변했어요
엄마는 오염물질을 버리지도 흘리지도 말라고 늘 말했지만
애들이 말을 듣지 않았어요
공기도 바다도 다 더렵혔어요
애들이 놀면서 파고 뚫고 덮고 바르고 찌르고 버리고 뿌리고 태워서
엄마의 온몸이 만신창이가 되었어요
엄마는 슬픈 눈물을 많이 흘려 도시를 다 잠기게도 하고요
엄마는 입으로 쉬지 않고 바람을 불어
모든 것을 몽땅 날려버리기도 하지요
때로는 엄마가 전혀 눈물을 흘리지 않아

세상이 새까맣게 타들어 가기도 해요
엄마의 병명은 치매래요
그래서 정상적으로 돌아가다가
가끔 이상한 행동을 하시는 거래요
다 우리들 책임이어요
엄마 말을 안 듣는 우리가 나빠요

애들아!
제발 엄마 말씀 좀 잘 듣자
엄마가 아프지 않도록 하자
엄마가 아무 탈 없이 빙글빙글 잘 돌아가도록 해 드리자
엄마가 화를 내지 않도록 잘 보살펴 드리자
애들아, 그럴 수 있지?

엄마가 멈추는 순간, 우린 다 죽음이야

## 느그 부모님 뭐 하시냐

직업에 귀천이 없다고 했습니다. 사람 위에 사람 없고 사람 아래 사람 없다고 했습니다. 학교 다닐 때 선생님께서 그렇게 말씀하셨습니다. 그러나 그것은 참말이 아닌 새빨간 거짓말이란 걸 곧 깨달았습니다.

저도요, 느그 부모님 뭐 하시냐 물으면, 이렇게 대답하고 싶어요.

아버지는 S대 의대를 나오셨고 백두병원의 원장입니다.

어머니는 K대 법대를 나오셔서 사법고시를 합격하셨으며 판사로 지내시다 지금은 한라대학교의 교수입니다.

그러나, 그렇게 대답할 수 없어요.

느그 부모님 뭐 하냐고 물으면, 이렇게 대답하고 싶지는 않아요.

〈

아버지는 시골에서 농사를 짓고 계시고요, 어머니도 아버지 옆에 꼬옥 붙어서 함께 농사를 짓고 계십니다.

그러나, 그렇게 대답할 수밖에 없어요.

그런데요,
다 감추고 시작하는 거 아닌가요?
부모님 직업이 뭐가 중요한가요?
내가 흙수저든 금수저든 그게 뭐가 중요한가요?
그게 정말 중요한가요?
귀중한 시험에서 왜 그런 것을 물어보나요?
블라인드라고 했잖아요?
스펙도 가족도 백도 다 감추고 하는 거 아니었나요?
아니라고요?
필요하다고요?
요즘도 음서제가 시행되나요?
그러면 부모님 직업에 따라 합불이 결정되는 것인가요?
국회의원 아버지가 전화하면 합격인가요?
전화 없는 농부의 자식은 떨어지면 되는 건가요?
SKY는 훨훨 날고 지잡대는 고꾸라져야 하나요?
그런가요?

〈
누가 말 좀 해주세요, 네?

뭣이라고요?
마이클 샌델!
웃기고 자빠졌네.
나도 그 책 다 읽어봤어요.
영어 공부하느라고
두 권이나 샀어요.

정의가 멀리 도망가고
정의가 프로포폴에 마취되어 뻗어버리고
돈과 권력이 정의라고 말하고
정의는 정의를 내리기가 어려운 아름다운 조국 대한민국
곳곳에 비린내와 썩은 냄새가 진동을 하는데
어찌합니까, 어떡하나요?

자고로 잡초는 제 몸을 기꺼이 버려 세상을 구해왔건만
바람이 불면 힘이 없어 늘 이리저리 흔들립니다.

용이 떠나간 개천에서 흙수저들이 펑펑 울고 있습니다.
얼토당토않은 엘레지* 같은 세상이기 때문입니다.

*순우리말로 개의 생식기

## 혈투


우리처럼 철 그물로 막은 옥타곤의 링*에서
두 마리 짐승이 서로 마주 보며 으르렁거린다
치고받고 때리고 막고 붙잡고 넘어뜨리고 감싸며
상대를 무너트리기 위한 사지의 곡예가 현란하다
어차피 한 명이 쓰러져야 화끈하고 통쾌하니
경기는 붉은 피를 보아야만 재미가 있다
링 주변을 둘러싸고 바라보는 수많은 눈동자
짐승들의 눈빛이 독사의 눈빛처럼 희번덕거린다

스포츠란 미명으로 교묘히 위장된 저 폭력
내면에 도사리고 있다가 활화산처럼 분출하는
잔인한 폭력은 인간이 아닌 짐승의 본성이다

일찍이 로마의 원형경기장에서
굶긴 짐승들을 몰아넣고 노예들과 싸우게 했던
잔인한 폭력성을 지닌 인간의 동물적인 심성
노예들의 갈가리 찢긴 주검을 보면서도
환호하고 열광하며 기뻐했던 그 광란의 도가니

검투사와 검투사를 싸우도록 하고
서로 피를 토하며 죽을 때까지 지켜보던
인간의 가면을 쓴 야수들의 잔인한 얼굴들

둘이 싸우다가 약자가 쓰러지면
호기를 잡은 자의 핵주먹이 융단폭격을 가한다
패자는 늘 등을 눕히고 피를 흘리며
승자는 포효하는 한 마리 난폭한 야수가 되고
링 바닥에는 관중들의 붉은 함성이 흥건하게 젖는다

상금을 매개로 치러지는 저 위대하고 슬픈
자본의 폭력성은 욕심 많은 인간의 본성이라
황금빛 벨트를 찬 승자는 물욕에 굴복한 패자다

신이 영원히 통제할 수 없는 영역인
꼼지락거리는 인간의 마음은 늘 피를 보고야 말며
돈이라면 물불을 가리지 않아
오늘도 인간은 아름다운 탈을 쓴 음흉한 짐승이 된다

〈

신이시여!

예나 지금이나

저들은 그들이 저지르는 잘못을 모릅니다

몸에 흐르는 피는 닦을 수 있으나

잔혹한 마음에 흐르는 피는 닦을 수 없는데

아, 이를 어찌합니까?

\*UFC(Ultimate Fighting Championship : 미국의 종합격투기 단체) 경기의 8각형 링

# 뻐꾸기

거미가 슬그머니 곤충에 끼려고 하듯이
박쥐가 슬그머니 새들에 끼려고 하듯이
어미도 아니면서 어미 틈에
살며시 끼려고 하는 새가 있다

뻐꾹뻐꾹 뻐꾸기!
우리 집 뻐꾸기는 시간도 알려주고 밥까지 해주는데
봄마다 탱자탱자하며 노는 숲속의 뻐꾸기는
개미 앞에서 노래하며 노는
여름철 베짱이보다 더 나쁘다
얄미운 산속의 뻐꾸기는
제 자식을 남의 집에 몰래 낳아 키우지도 않고
나 몰라라 하는 나쁜 새다

뻐꾸기만 나무랄 수는 없다
일찍 자식 버린 어떤 뻐꾸기
그 자식이 세상을 뜨자
자기가 어미라고

보상금 받으러 왔다는데

붉은머리오목눈이 부부가 힘겹게 날갯짓하며
먹이 물어와 덩치 큰 뻐꾸기 새끼를
자기 새끼처럼 애써 키우고 있다

## 암탉이 운다

이른 아침 신선한 산책길
길옆 농가의 암탉이 운다
큰 소리로 운다
큰일 했다고 시끄럽게 운다
아침을 깨워야 할 수탉은
뭐 하는지 울지도 않는다
저 집 수탉 분명 풀 죽어 있을 것이다
하여 암탉의 기세에 눌려
직무유기를 하는 것이다
알 낳은 암탉이 길게 운다
이제 아침도 암탉의 세상이다
누가 수탉이 울어야 아침이 온다고 했는가?
암탉이 울어도 아침은 온다
아니다, 암탉이 울어야 아침이 온다
앞으로 암탉이 세상의 아침을 열 것이다
누가 암탉이 울면 집안이 망한다고 했는가?
암탉은 함부로 울지 않는다
알을 낳은 후에만 운다

알은 돈이다
암탉이 울면 집안이 흥한다
세상은 변했다
닭의 세상에서 가장 큰일은
알을 낳는 일이다
울도 못 하고, 날도 못 하고, 알도 못 낳는
꽁지 빠진 초라한 수탉이여!
쓸모가 없구나, 무용지물이구나
크게 울며 폼 잡고 거닐었던
화려한 시절이 그립겠지만
이제는 선택의 여지가 없구나
조용히 처박혀 있거나
아니면 폐기처분을 기다릴 뿐

거기 수탉 아저씨!
당신은 아직도 팔팔하신가요?

## 성안의 성

무심한 세월 속에서 정신줄 놓아버리고
자신도 잃어버리고 낯선 타인이 되어
왔다 갔다 하며 망각의 늪을 서성이는
외로운 그들이 사는 요양병원이라는 성
영육이 분리된 그들은 몸은 성안에 있으나
정신은 늘 분실하여 은하철도를 타고
몽롱한 우주를 여행한다

우주여행에서 막 돌아온 노인의 몸을 씻겨주려고
병원의 요양보호사가 노인 목욕을 시키는데
노인의 거시기가 불뚝 서더란다
재치 있는 보호사가 노인의 등을 토닥이며
어쩌라고, 어쩌라고 웃으면서 말했더니
말 못하는 노인이 울상을 짓더란다

긴 세월 지났는데 자기도 잃었는데
무엇이 노인을 일으켜 세웠을까
뻣뻣한 발기의 힘은 어디에서 왔을까

잠재의식 속에 남은 첫사랑 그녀였을까
떠나간 아내였을까
저 발기는 분명 사라진
그리움에 대한 경외이리라

노인의 철없는 성性이
가끔 살아나 꼬물거려도
성城에 한번 다녀가면 그뿐
방치된 노인의 성을
바쁜 자식들은 알지도
알려고도 하지 않는다

# 욕망이라는 이름의 인형

"2029년 9월 국회는 본회의에서 정부가 발의한 《리얼 돌 제작 및 사용에 관한 법률》을 만장일치로 의결하였습니다."

2030년 10월 어느 날 점심을 먹은 후 인공지능을 탑재한 어느 리얼 돌 매장이면 좋겠다.

신사숙녀 여러분!
저희 매장을 방문해 주셔서 감사합니다. 이번 출시된 새로운 모델 '욕망'에 대해서 자세히 설명해드리겠습니다. 제품에 손대는 것을 가급적 삼가해 주시기 바랍니다. 오작동 시 이상한 행동을 유발할 수 있습니다.

이번 모델은 전자동으로 작동되며 작동 전에 소유자의 비밀번호를 입력하여야 합니다. 모델의 종류는 남성용 '명월'과 여성용 '돌쇠' 두 가지입니다.

이번 모델은 기존 소비자의 의견을 반영하여 피부를

더 부드러운 소재로 사용하였고, 사용 시 키스 기능과 교성 기능을 추가하였습니다. 배터리의 성능도 향상하였는데 충전 후 통상 1일 1회 기준 한 달 동안 사용이 가능하나, 1일 2회 이상 사용할 경우에는 용량이 급격히 줄어듭니다. 필요하신 분은 저쪽 데스크에서 가격을 협상하여 주시기 바랍니다.

한 사람이 명월과 돌쇠를 함께 구입할 수는 없냐고요?
아, 그런 경우도 있겠군요.
하지만 불가능합니다.
법은 남성의 경우 여성 모형의 인형을, 여성의 경우 남성 모형의 인형만을 구입할 수 있도록 규정하고 있으며, 기본적으로 인형은 인간만을 상대할 수 있도록 제작되었습니다.

더 많은 기능을 추가로 원하실 경우에는 옵션에 따라 특별히 주문하실 수 있습니다. 다만 유명 배우의 얼굴을 인형의 얼굴로 활용하고자 할 경우에는 초상

권 사용료로 1억 원이 추가됨을 알려드립니다.

모쪼록 좋은 제품을 구입하여 귀하의 밤이 아름답고 뜨겁고 황홀하며 삶의 활기가 용광로처럼 펄펄 넘쳐나길 기원 드립니다.

지금까지 귀하의 건강한 성생활을 책임지는 세계적 선도기업 '늘섹(Everyday Sex)'에서 알려 드렸습니다

홀로족 오빠, 언니, 아저씨, 아줌마, 할아버지, 할머니들이 너도나도 눈을 껌벅거리는 인형을 구경하면서 인형의 여기저기를 만지작거리고 있다.

## 재심
−잃어버린 청춘 20년

1

집 인근에서 여자들이 살해되어 산과 농로에 버려지고 있었다 여덟 번째 여자의 시신이 발견됐으나 죽인 자는 알 수 없었다 악성 소문은 굴뚝의 연기처럼 꼬리를 물고 유언비어를 내뿜어 범인을 잡으려 혈안이 되었던 그들은 독사로 변해가고 있었다

2

나는 불편한 다리로 농기계를 수리하며 착하게 살았다 1989년 7월 무덥던 날 그들은 나를 강제로 끌고 가 어둠 속에 가뒀다 사흘간이나 잠을 재우지 않고, 물도 주지 않고, 주먹으로 때리고 발로 걷어차는 폭행을 가했다 그들은 그들의 음모를 위해 내 음모를 가져갔다 그들은 미리 짜둔 각본대로 움직이며 사실대로 범죄를 자백하라고 나를 윽박질렀다 협박과 고문에 정신이 몽롱하던 나는 고통을 잠시 피해 보려고 거짓 자

백했다 거짓이 진실의 바퀴를 달고 빠르게 달려갔다 형사와 검사는 유능한 작가였다 그들은 함께 쓴 위작을 증거로 나를 법정에 세웠다 돈이 없어 변호인의 도움을 받을 수 없었다 판사들도 역시 허위자백을 진실이라고 받아들였다 결국 살인의 누명을 쓴 나는 무기징역의 죄인이 되었다 무전유죄였다 법과 정의는 내 편이 아니었다

그놈이 보고 싶었다

애먼 사람을 악의 구렁텅이에 몰아넣고 세상을 비웃고 있을 그놈,

그놈이 어떤 놈일까를 생각하며 기약 없는 여행을 떠났다

3

나는 한 마리 짐승이었다

사람을 죽인 짐승이었다

들판에서 뛰놀다 잡혀 와 우리에 갇힌 포효하는 짐승이었다

혀를 깨물고 죽으려 했으나 죽지 않았다

억울해서 죽을 수가 없었다

밤마다 꿈에 산발한 악령이 찾아와 목을 졸랐다

가슴에 숫자를 단 크고 작은 빡빡이 별들이
저마다 저지른 과오의 빚을 갚던 철창에서
제법 큰 별을 달았던 나는 내가 아니었다
억울한 세월이 강물처럼 흘러가는 동안에
이마에는 윤슬 같은 잔물결이 늘고 있었다
로봇처럼 지낸 침묵의 고행이 끝나고
심신이 만신창이가 되어 고목처럼 굽은 나는
2010년 가석방되어 철창 밖으로 나왔다
20년이 바람처럼 지나갔다
붉은 낙인이 찍혀 모두가 싸늘하게 외면한 나는
땅에 떨어져 나뒹구는 벌레 먹은 초라한 낙엽이었다

4

악마 같은 그놈이 잡혔다고 했다
그놈이 내가 죽였다는 소녀를 죽였다고 했다
사람을 밥 먹듯이 죽인 그 짐승이 저지른 사건 중의 하나라고 했다
그놈은 이미 잡혀 철창 안에서 지냈다고 했다
나는 누구였던가?
살인자, 살인자였는데, 살인자가 아니었단 말인가?
얼굴에 문신처럼 남아 지울 수 없는 주홍글씨는 어

쩌란 말인가?

  생의 봄날 다 지나가고 이제는 쓸쓸한 계절만 내 다리처럼 절룩거리는데

  잃어버린 청춘 20년, 가버린 내 젊음은 어떻게 되돌려야 하는가?

  꽈배기처럼 꼬인 내 인생을 처음부터 다 알고 계신 주님!

  힘도 백도 돈도 없이

  허허벌판에서 길 잃고 헤매는 당신의 슬픈 양은 어찌해야 합니까?

  "형사들에게 묻고 싶어요. 정말로 내가 범인이고 자신들은 당당한지.

  양심이 있다면 진실을 말해달라고요."*


    *8차 화성 살인 20년 옥살이 윤성여 씨의 말

# 아무리 봐도 지겹지 않은 것들

푸른 하늘
하늘에 흘러가는 구름
흘러가는 강물
강물에서 놀고 있는 오리 떼
잠자는 아기의 얼굴
아기에게 젖 주는 엄마의 모습
엄마와 놀고 있는 병아리들
엄마 젖 먹는 강아지의 모습
입 벌리고 먹이 달라고 보채는 둥지 속의 아기 새들
졸졸졸 흘러가는 시냇물
시냇물 속에 노는 물고기
바람에 살랑거리는 나뭇잎
풀잎에 맺힌 영롱한 이슬방울
작고 예쁜 야생화
누님처럼 온화한 능소화
알밤 물고 가는 다람쥐
텃밭에 올망졸망 자라는 채소

순수하고 천진무구해서 지극히 자연스런 모습은
아무리 봐도 지겹지 않다

## 어느 여인의 신세타령

　시부모님과 서방님 받들고 자식들 잘 길러 나를 효부며 현모양처라고 칭찬하지만, 여인네들 다 그렇지나만 그런 것은 아닙니다 그런 나를 사람들은 그냥 살게 내버려 두지 않았습니다 전에 내 아들이 사람들의 손을 타고 오르내리며 가문의 명예를 실추한 바 있어, 세상 밖으로 나오는 것이 무척 싫었습니다 모자가 싸잡아 비난받기는 싫었거든요 하지만 사람들은 자기들이 무작정 좋아한다고 내 얼굴을 마구 찍어서 뿌렸습니다 이상하게도 내 얼굴은 사타구니에서 젖가슴까지 드나들기도 하고, 흰 봉투에 담겨 냄새나는 화장실 구경도 하며, 사과 상자에 담겨서 자가용에 실려 낯선 곳으로 가기도 하고, 큼직한 금고에 다발로 넣어 보관도 합니다 어떤 이는 마늘밭에 파묻기도 했습니다 졸지에 나는 부정의 화신이 되고 말았습니다 내 삶의 목표와는 거리가 먼 비난의 대상이 되었지요 사람들은 나를 복부인 취급하며 투기가 있는 곳으로 데려갑니다 사실 모든 사람들이 내 앞에서 벌벌 떠는 것을 보면 기쁠 때도 있지만, 그것은 내가 원하는 바가 아닙니다 나는 복부인이 싫어요 산산이 부서진 난파선 같은 내 마음을 누가 알까요? 어쩌다 신세가 이렇게 되었는지 내 모습은 뭉크\*의 그림처럼 되고 말았어요 난 그저 욕심 없는 착한 여인이고 싶어요 총재님, 나를 집으로 돌려보내 주세요 난 물욕 저편의 규방에서 조용히 살고 싶어요


\*뭉크(Edvard Munch, 1863~1944): 노르웨이 출신의 표현주의 화가, 대표작 절규

## 흘러가는 것들

시간 속에서는 모든 것이 다 흘러간다

달리는 차가 흘러가고
걷는 사람이 흘러가고
길가의 나무가 흘러가고
강변의 강물이 흘러가고
하늘의 구름이 흘러가고
해와 달이 흘러가고
별들이 흘러가고
세상은 흘러가는 것들의
흘러가는 모임이다

과거가 흘러가고 현재가 흘러가고 미래가 흘러간다

시간이 흘러가면
어제도 오늘도 내일도
모두 굳은 과거가 되는 것
과거는 되돌릴 수 없는 것
그러나 시간은 돌고 도는 것

시간은 흘러가며 세월의 나이테를 새긴다

겨울이 흘러 꽃 피는 봄이다
봄이 흘러 꽃잎 떨어진다
떨어진 꽃잎 물 따라 흘러가고
꽃 떨어진 자리 흘러
나뭇잎 나고 열매 맺힌다
열매 흘러 계절이 바뀌고
계절이 흘러 해가 바뀐다
할머니가 꽃 보며 흘러간다
할머니도 흘러가기 전에는 아가씨였다
세상 모든 것들 흘러가 늙는다

흘러가는 시간을 멈출 수 없다
시계를 붙잡아도 세월은 간다
흘러간다
너도 흘러가고 나도 흘러간다
누구나 흘러가며 저 멀리 간다

## 헌 옷

내 젊음은 봄날 피는 꽃처럼 화사했죠
사랑에 물들 때 누구라도 그러하듯이
그녀가 가는 곳은 어디든지 동행했죠
내 아름답고 고운 모습을 사랑했던 그녀
그녀의 흰 살결과 향기로움에 빠졌던 나
그녀 언제나 내 품 안에 있었고
나 또한 그녀의 품 안에서 늘 행복했죠
우리는 그렇게 서로 사랑하면서 살았죠
어느 곳에서 누구를 만나든 그녀는
나를 자랑스럽게 소개하며 기뻐했죠
그녀는 나 없으면 못 살 것 같고
나도 그녀 없으면 못 살 것 같던
좋은 시절이고 아름다운 세월이었죠
그런 그녀는 서서히 마음이 변해서
내가 볼품없고 추레해지자
가차 없이 내게서 등을 돌리고 말았죠
그녀에게서 멀어진 나는 유폐되었죠
처음 선택은 오로지 그녀의 몫이었고

변심도 그녀의 뜻이라 어쩔 수가 없었죠
버려지는 것은 나의 운명이라
아무리 발버둥질 쳐도 헤어날 수 없어
어두운 수거함 속에서 젊은 날을 떠올리며
그녀와의 달콤했던 시절을 회상할 뿐이죠
나는 무게를 달아 도매금으로 팔려 가
어느 낯선 여인을 또 사랑하게 되겠죠
미지의 그녀가 언젠가 버리는 그 날까지

## 거미의 영향, 그 영양적 고찰
─실생활의 영양을 중심으로


거미는 다방면의 전문가다. 그가 끼친 영향으로 세상은 더욱 건강하게 되었다. 먹는 것만 피와 살이 되는 것은 아니다.

직조술은 그의 으뜸 기술이다. 사람들은 그에게 기술을 배웠다. 피와 살이 되었다.

그는 건축의 계획·설계·시공·준공·사후관리의 전 과정을 홀로 수행하는 위대한 건축가다. 그는 허공과 지상을 이어 집을 짓는다. 아파트도 사장교도 그의 기술을 활용했다. 피와 살이 되었다.

그의 집은 원과 삼각형과 사각형의 조합이다. 사람들은 그의 집을 보고 전파를 잡는 안테나를 만들었고 더 발전시켜 레이다도 만들었다. 피와 살이 되었다.

그의 줄은 끈끈하고 튼튼하며 탄력이 있어 바람이 세게 불어도 끊어지지 않는다. 줄을 타는 방법을 어름

사니가 배웠다. 피와 살이 되었다.

   그물에 걸린 곤충을 꽁무니의 줄로 포박하는 그를 보고 포졸들은 범인을 체포할 때 오랏줄을 사용하였다. 피와 살이 되었다.

   그의 집에는 인내와 기다림이 살고 있다. 수도승들은 그를 바라보며 명상법을 터득하였다. 피와 살이 되었다.

   내가 올여름 내내 모기에게 헌혈하지 않은 것도 다 그의 덕이었다. 집 주변에 온통 그가 줄을 쳐서 물샐틈없이 허공을 경비하였기 때문이다. 피와 살이 되었다.

   테니스 라켓과 배드민턴 채와 전기모기채는 그의 집을 본떠서 만들었다. 피와 살이 되었다.

   영화 스파이더맨은 그를 통째로 베꼈다. 피와 살이 되었다.

   고기를 잡는 그물은 그의 머리를 빌린 것이다. 피와 살이 되었다.

〈

　그는 박쥐를 닮았다. 그들은 세상을 거꾸로 본다. 그가 곤충에 낄 수 없듯이 박쥐도 새들에 낄 수가 없다. 거미와 박쥐는 외로운 존재다. 그들이 세상을 거꾸로 보는 이유다. 그들의 세상에서는 그것이 똑바로며 바른길이다. 피와 살이 되지 않았다.

　처마 밑의 외로운 신사 거미는 세월을 낚는 어부며 무선 통신사다. 그가 사랑하는 친구들은 해와 달과 별과 바람과 구름과 비다. 그는 자기의 성긴 집에서 전파를 감지하여 억겁의 과거를 달려온 우주의 전파를 해독하며 외계와 소통한다.

　모든 거미가 용한 것은 아니다. 세상에 영향이 없어 영양이 될 수 없는 거미도 있다. 독거미가 그렇다.

　가을이 깊어가면 소리 없이 떠나는 외로운 신사, 거미가 묻고 청한다.

　"나는 늘 똑바로 사는데, 당신들은 왜 거꾸로 사는가?
　나를 골목의 모퉁이에서 날벌레나 기다리는 영양가 없는 좀팽이로 보지 마시라.

내 입장에서 당신들을 바라보지 않을 테니, 당신들의 입장에서 나를 바라보지 마시라.

말 가는 곳에 소도 가지만 그 걸음걸이와 생각은 매우 다르다."

■□ 시인의 에필로그

# 지난날은 다 그리움이다

**1. 명예퇴직**

세월호 사고로 꽃 같은 청춘들이 세상을 뜨자 온 세상이 큰 슬픔으로 물들었었다. 애달프고 짠한 마음에 마치 내가 잘못한 것처럼 죄책감으로 불면의 밤을 보내던 2014년이었다.

내가 담당하던 업무가 국가와 지방자치단체가 경비를 상호 부담하여 공동으로 추진하는 업무라 재정이 취약한 지자체는 그 업무(어린이급식관리지원센터 설치)를 수행하기가 어려웠다. 매일 먼 길을 달려 지자체의 기관장을 만나 센터 설치를 요청하였으나 실적이 저조하였다. 사무실에 전국 지도를 부착하고 날마다 상황을 점검하며 앞니가 빠질 정도로 열심히 뛰어다녔지만 성과는 그렇게 크지 않았다.

내가 근무하던 식품의약품안전처에서도 진도의 세월호 사고현장에 직원들을 급파하여 식품위생 등의 안전관리 업무를 수행하였다.

그해 10월 27일 국회의 식약처 국정감사가 끝나자 나는 내 인생의 세 번째 사직서를 제출하였다. 적지만 연금을 받을 수 있어 편히 살고 싶었다. 마침내 27년간의 공직생활을 접고 명예퇴직을 신청하였다. 쉰세 살에 직장을 떠났으니 빠른 퇴직이었다. 허무하게 꺾인 꽃다운 청춘들을 생각하면서 금연을 시도한 내게는 슬픈 그해 가을이었다.

### 2. 서점에서

퇴직 후 집 주변의 동사무소에서 운영하던 서예교실을 다니며 서예를 배웠다. 서예 선생님은 필력 향상을 위해서 한 달간 바둑판 모양의 줄긋기만 줄곧 시켰다. 평소 해 보지 않았던 서예가 쉬울 리가 없었다. 그래도 재취업을 할 때까지 6개월 동안 꾸준히 다녔다.

그러던 차에 어느 날 종로의 교보문고에서 서적을 살펴보다가 서가에 있는 시집을 우연히 보게 되었다. 그때 눈에 띈 것이 고은 시인의 시집『만인보』였다. 4~6권이 합권

된 시집이었는데 그 시집을 사서 집에 와 재미있게 감상하였다. 그 후 다시 교보문고에서 잔여 시집을 몽땅 구입하였다.(만인보는 전 30권의 시집이다. 나도 그때 처음 알았다.) 불과 일주일 사이에 밤낮으로 만인보를 재미있게 다 감상하였다.

책을 읽으면서 느꼈지만 오른쪽 눈의 시력이 이상하였다. 안과를 찾았다. 눈을 너무 혹사하여 죄를 받았다. 동네 안과에서는 진료의뢰서를 발급해 주며 인근의 경희대학교병원 안과를 추천하였다.

검진 결과 오른쪽 눈이 황반변성이었다. 물체와 글이 정상으로 보이지 않고 휘어져 보였다. 주기적으로 병원을 다니며 값비싼 주사를 동공에 여섯 번이나 주입하였다.

1980년대 20대 초반 첫 직장을 다니며 지방지 신문의 신춘문예에 단 한 번 응모했던 적이 있었다. 그때는 직접 용지에 자필로 시를 작성하여 보내던 시절이었다. 물론 신춘문예는 날 반기지 않았다.

고 김지하 시인의 담시 오적을 끝으로 시는 내 곁을 떠났다. 그 후로 바쁘게 먹고 사느라 시를 접하지 않았다.

아니 접할 수 없었다. 소설과 자기계발서는 꾸준히 접했지만 시는 내게서 멀리 떠나갔다.

 만인보 감상 이후 눈은 좋지 않지만 백수가 딱히 할 일이 없어 시집을 자주 샀다. 5년의 짧은 기간에 1,000권 이상의 시집을 사서 읽었다. 각 시인들의 성격을 어느 정도 파악할 수 있었다. 사람의 성격이 다양하듯이 시 또한 양주 같은 시, 와인 같은 시, 맥주 같은 시, 소주 같은 시, 막걸리 같은 시, 소맥 같은 시 등 술맛처럼 그 맛이 다 달랐다. 시집을 읽으며 나는 내 비공개 블로그에 글을 올리기 시작했다. 남들의 시는 화려한데 비해 내가 쓰는 시는 시가 아니었다. 그저 쭉정이에 불과한 자음과 모음의 단순 결합일 뿐 생명이 없는 죽은 글이었다. 나도 멋있게 쓸 수 있을 것 같았는데 막상 써 보면 헛웃음만 나올 뿐이었다. 그도 그럴 것이 30여 년간 시를 떠났고, 날마다 접한 것이 딱딱한 공문서 위주의 문서라 머리는 굳을 대로 굳어서 상상력이 나올 리가 만무하였다. 가마솥에 장작불로 여러 번 우려먹고 버린 소뼈에는 영양분이 없다. 내 머리가 구멍 숭숭 뚫린 그 뼈와 같았다. 그렇지만 많이 써보려고 애쓰며 노력하였다.

 지방에서 발행한 시집은 때로는 서점에서 구입할 수가

없었다. 직접 저자에게 연락할 수밖에 없었는데 노수옥 시인의 시집이 그랬다. 내가 시를 공부한다고 메일을 드렸더니 노 시인께서는 중앙대 이승하 교수의 개설서 『시 어떻게 쓸 것인가?』와 본인의 시집 『기억에도 이끼가 낀다』를 우편으로 직접 보내주셨다. 매우 늦었지만 여기 지면을 빌려 깊은 감사의 말씀을 다시 드린다.

사실 혼자 공부하면서 각종 시 개설서는 물론 각종 시 작성법 등 많은 책을 사서 읽었다. 나이 들면 머리에는 남는 것보다 빠져나가는 것이 더 많다. 하여 이론이 현실에 쉽게 접목이 되지 않았다. 모든 분야가 그렇듯이 어느 날 갑자기 도전한다고 해서 성공하는 것은 아니다. 그동안 습작을 하면서 신춘문예 등에도 도전을 해봤지만 연전연패했으니 부끄럽기 그지없다. 한마디로 쪽팔리는 일이었다. 세상에 쉬운 일은 없다.

무슨 미련이 남아서 나는 시를 그리워하는 걸까, 시가 뭐라고? 그것이 내게 밥 먹여 주는 것도 아닌데, 그런데도 시를 좋아한다. 시인이 아닌 시를 사랑하고 좋아하는 독자로서 나도 언젠가 내 시집을 펴내고 싶었다.

좋은 시를 읽으면서 나도 모르게 입가에 피는 미소, 그

맛으로 시를 읽는데 그런 시가 하루아침에 뚝딱 나올 수는 없는 것이었다.

### 3. 페이스 북은 일기장

페이스 북에 가입한 지 12년이 지났다. 그동안 수시로 글을 올렸다. 사진과 글을 올리며 페이스 북은 내 일기장이 되었다. 시중에 유통은 되지 않았지만 그동안 올렸던 글을 모아 다섯 번의 볼록북을 펴내 가까운 지인들에게 선물을 하였다. 그리고 페이스 북 친구들과 나에게 스스로 약속을 하였다. 나중에는 시중에 유통되는 책을 반드시 발간하겠노라고.

그 약속을 지키고 싶었다. 별 볼 일 없는 그저 그런 글 나부랭이들을 모았다. 내가 시집 팔아서 부자 될 것도 아니고 더군다나 명성을 얻을 것도 아닌데 내용이 그렇고 표현이 별로라고 해서 부끄러울 것은 없잖은가?

시 같지도 않은 시를 평론가나 시인에게 발문을 써달라고 부탁하기 싫었다. 물론 주변에서 찾아보면 누군가 써 줄 분도 있겠지만 구태여 그러고 싶지 않았다. 지금껏 천여 권 이상의 시집을 감상했지만 중간에 읽지 않고 그만둔 시집은 없다. 나는 어떤 책이든지 읽으면 끝까지 다 읽는다. 시집의 해설을 접할 때마다 느꼈던 것은 하나같이 아름다운 시어와 표현에 대한 칭찬이었다. 나는 내 수준을 잘 안다. 하여 허접한 내 시를 칭찬할 수가 없다. 다만 누군가 읽어보고 '이런 글도 시집으로 내구나'라고 생각하면서 희미한 미소를 지어준다면 그것으로 족하다. 또한 내 허접한 시집을 본 어느 독자가 용기를 내서 본인의 시집을 발간하기를 바라기 때문이기도 하다. 때로는 나처럼 좀 무모해도 목적을 달성하려는 용기가 필요하다. 다만, 다른 사람의 마음을 다치지 않아야 한다. 무식하면 용감하다고 했다. 하지만 나는 시를 좋아해서 전혀 부끄럽지 않다.

### 4. 나뭇잎의 고운 색에 빠져

퇴직 후 시간이 나서 맛있는 것을 먹고 명소 구경을 자주 다녔다. 2019년 10월 초 지인들과 중국의 장자제(張家界) 여행을 다녀오고, 고등학교 친구들과 모임도 가졌다. 또한 11월 초 평생 한 번도 해보지 않았던 위와 대장의 내시경 검사를 했다. 의사는 일주일 후 조직검사 결과를 알려주겠다고 했다.

검사 결과는 위암이었다. 의사의 말을 듣고 정신이 몽

롱하였다. 집으로 돌아가기 싫어서 주변의 영화관에 갔다. 겨울왕국 2가 상영되고 있었다. 심한 충격으로 스크린의 영상과 음향이 하나도 보이거나 들리지 않았다. 생각하기 싫은 기억이다.

서울의 강남 S병원과 송파 A병원을 찾았다. 수술이 빠른 A병원을 선택하고 2019년 12월 24일 오전에 수술을 하여 위를 몽땅 잘라냈다. 크리스마스이브의 선물은 눈물이었다. 일주일 후 퇴원을 하여 수술 전에 미리 가보았던 가평의 푸른숲요양병원에 입원을 하였다. 힘겹게 버티는 동병상련의 환우들을 보며 마음을 다잡았다. 2020년 6월 30일 퇴원을 하여 그리운 서울의 집으로 돌아왔다.

한적한 병원에 있다가 돌아온 서울은 매우 어수선하고 답답하였다. 하여 주변의 전원주택을 물색하던 중 경기도 남양주시 조안면 소재 북한강변 마을의 전원주택이 눈에 들어왔고 그 마을에 전세를 들어 살게 되었다. 봄과 여름에 텃밭을 가꾸는 재미가 쏠쏠하다.

날마다 5장 5부를 달래며 만 보 걷기를 생활화하고 있다. 2020년 10월 말 북한강변을 산책하다가 우연히 서리 물든 빨간 플라타너스 잎을 보았다. 그 색이 너무 고와 낙엽을 가져와 집의 거실에 두었다. 울긋불긋한 가을의 나뭇잎 색깔이 너무 곱고 아름다웠다. 그 후 폐박스를 활용하며 나뭇잎을 소재로 그림을 붙이다가 나뭇잎 그림에 깊이 빠지게 되었다. 나뭇잎 그림에 몰입할 수 있어서 잡념이 없어 좋지만, 마른 나뭇잎은 쉽게 바스러지기에 다루기가 매우 힘들어 나뭇잎과 나무껍질로 그림을 붙이는 일은 쉽지 않다. 하지만 작품을 완성한 후 바라보면 큰 희열을 느낀다. 심심풀이 삼아 시작하여 일 년 동안 50여 점의 작품을 만들었다. 앞으로 멋있는 작품을 더 만들어 전시회를 개최할 계획이다.

천국행 초청장을
보낸다고 기별 와
아직은 아니라고
강력히 거부하며
배 째고
기도하면서
못 간다고 전했다

– 졸시 「천국행 초청장」 전문

이도 눈도 속도 삐거덕거려 수시로 보수가 필요하지만

아직은 갈 때가 아니다. 지난날은 다 그리움이다. 그 그리움을 되새기며 헛된 욕심 비우고 하늘이 내 이름을 다시 부를 때까지 열심히 살아갈 것이다.

끝으로 헛짓거리를 해도 항상 응원해 주는 든든한 백이며 30년 동안 함께한 나의 그녀가 고맙다.

"여보! 당신을 사랑합니다."